Instruction

sur l'usage des

MÉDICAMENS,

POUR

MM. les Capitaines de Navires du Commerce.

Par M. Huet, docteur en médecine, membre de la Légion-
d'Honneur, chargé en chef du service de santé
de la marine au Havre;
M. Bellefin, docteur en médecine; et M. Dupray,
pharmacien suppléant; tous trois formant la commission établie
au Havre en vertu de l'ordonnance du 4 août 1819.

AU HAVRE,

A. THOURET, IMPRIMEUR-ÉDITEUR,

RUE SAINT-JACQUES, Nº 15,

—

1827.

Te ¹⁷/₁₃₄

INSTRUCTION

SUR L'USAGE DES

MÉDICAMENS,

Pour MM. les Capitaines de navires
du commerce.

Par M. HUET, docteur en médecine, membre de la légion-
d'honneur, chargé en chef du service de santé de la
marine au Havre; M. BELLEFIN, docteur en médecine; et
M. DUPRAY, pharmacien suppléant; tous trois formant
la commission établie au Havre en vertu de l'ordonnance
du 4 août 1819.

AU HAVRE,

A. THOURET, IMPRIMEUR-ÉDITEUR,
RUE SAINT-JACQUES, N° 15,

1827.

INSTRUCTION

SUR L'USAGE DES

MÉDICAMENS,

POUR MM. LES CAPITAINES DE NAVIRES

DU COMMERCE.

PREMIÈRE PARTIE.

MALADIES INTERNES.

La plupart des maladies s'annoncent par un sentiment de faiblesse, un brisement général, des douleurs vagues, mais dont le siége principal est aux reins et aux articulations des membres, par des frissons irréguliers auxquels succède quelquefois de la chaleur et même de la moiteur. La transpiration est pourtant souvent diminuée. L'homme le plus actif devient paresseux, toute espèce de mouvement le fatigue; l'appétit est toujours diminué. Si, à ces symptômes, se joignent la douleur de tête rapportée au front, l'amertume de la bouche, le dégoût pour les alimens, la constipation, le désir des boissons froides

1

et aigres, on doit faire coucher le malade, le
priver de tout aliment, lui faire boire abondamment de la limonade légère, ou de l'eau
d'orge sucrée. Ces simples précautions suffisent souvent pour arrêter la maladie. Si elle
se prolonge, on devra recourir à l'ipécacuanha,
mais seulement dans cette circonstance, où la
douleur de l'estomac n'existerait pas et serait
remplacée par une pesanteur incommode, où
la langue serait large, humide et chargée d'un
enduit jaunâtre, la peau fraîche et les urines
de couleur presque naturelle. Ces réflexions
sur l'emploi de l'ipécacuanha s'appliquent
d'une manière plus positive encore à l'émétique et aux purgatifs violens.

Nous prions MM. les Capitaines de se sou-
venir qu'on doit éviter de recourir à l'emploi
de ces médicamens énergiques, (l'ipécacuanha
et l'émétique), mais dangereux, toutes les
fois que la langue est rouge à ses bords et à
sa pointe, qui est dans ce cas très-aigue.
Lorsque la soif est vive, le ventre douloureux, la peau chaude, lorsqu'il existe des vomissemens fréquens, et, ces symptômes an-
nonçant une vive irritation des intestins,
on ne peut espérer de calmer la maladie que
par la diète, la tisane d'orge sucrée ou autre
boisson adoucissante, les cataplasmes appliqués sur le ventre et les lavemens émoliens.
Si le mal de tête est très-violent, le malade
prendra, deux fois par jour, des bains de
pieds très-chauds avec l'eau de mer. Ce
n'est que par l'emploi, long-temps continué
de ces moyens, que l'on peut arrêter la ma-

ladie, lorsqu'on est privé de l'avantage de pouvoir appliquer des sangsues, (dix, vingt, trente) sur le creux de l'estomac, ou sur le point le plus sensible du ventre.

La médecine adoucissante bornée à des moyens peu actifs serait encore la seule que l'on devrait employer dans les cas où l'on observerait les symptômes dont l'ensemble constitue ce qu'on appelle fièvre putride ou maligne; en effet, en supposant que MM. les capitaines pussent reconnaître ces maladies, il est impossible de leur prescrire les règles à suivre dans ces malheureuses circonstances. Toute la sagacité d'un médecin instruit est indispensable pour saisir et remplir les différentes indications qui se présentent. Cependant on pourrait recourir à l'emploi de quelques moyens dont nous allons tâcher de déterminer l'usage d'après les symptômes prédominans.

Contre le délire, les mouvemens brusques et involontaires des bras et des mains, six à huit sangsues derrière chaque oreille. On pourra entourer les genoux ou les chevilles des pieds, de cataplasmes de moutarde, qu'on laissera séjourner sur ces parties, jusqu'à ce qu'ils provoquent de la douleur : on devra en même temps, qu'on aura l'attention de tenir la tête nue, appliquer sur le front une compresse épaisse imbibée d'eau vinaigrée et qu'on tiendra constamment humide. Ce dernier moyen serait nuisible si le malade toussait.

La tension et le gonflement du ventre, surtout s'il est douloureux, réclament l'application de quinze à vingt sangsues. L'emploi de flanelles, trempées dans une décoction émolliente et de lavemens de même nature. Mêmes moyens contre la diarrhée, qui paraît souvent pendant le cours des maladies graves.

Les sueurs trop abondantes sont modérées par le changement fréquent de linge, l'attention de tenir le malade fraîchement, en évitant toutefois de le refroidir.

Le lieu où il est couché doit être en pareil cas arrosé fréquemment avec de l'eau vinaigrée, surtout si le temps est chaud et sec.

Dans la convalescence d'une fièvre continue, particulièrement d'une fièvre grave, de mauvais caractère, on doit surveiller attentivement le malade, l'empêcher de se livrer à son appétit souvent très-vif, le nourrir autant que possible d'alimens doux peu épicés, les suspendre sitôt qu'il se plaint de mal-aise après le repas. Si le ventre n'est pas libre, on a recours à quelques lavemens émolliens faits avec la semence de lin.

FIÈVRES INTERMITTENTES.

Elle commence par une grande lassitude de tout le corps, de fréquens bâillemens, suivis de frissons et de tremblemens. Ce dernier symptôme continue plus ou moins long-temps, avec un pouls serré et prompt, il cède ensuite au retour de la chaleur qui amène ordinairement la sueur.

La fièvre intermittente se reconnaît facilement à ses accès réguliers, c'est-à-dire, revenant tous les jours, tous les deux jours ou tous les trois jours.

Il faut d'abord diminuer la nourriture du malade et le soumettre à une diète absolue le jour de l'accès, et d'autant plus sévère, que les attaques sont plus rapprochés et l'appétit moindre.

Il fera en même temps usage d'une boisson délayante jusqu'à ce que la fièvre soit bien caractérisée. Alors on donne dans l'intervalle des accès, le sulfate de quinine, à la dose de deux, quatre ou six grains, administrés comme il sera prescrit à l'article qui concerne ce médicament. Si le malade était tourmenté pendant l'accès, de vomissemens et de douleurs d'estomac, et que cet état de mal-aise ne cessât pas complètement dans l'intervalle, on devrait administrer le sulfate de quinine dans un quart de lavement, et alors on doublerait la seconde ou troisième dose. Si la fièvre ne cède pas à l'emploi méthodique de ce médicament, il faut se borner aux adoucissans et au régime.

MAL DE GORGE.

Il y a plusieurs degrés faciles à reconnaître par la rougeur, le gonflement de la gorge. La difficulté ou même l'impossibilité d'avaler; quelquefois la respiration est gênée, il peut y avoir un état d'angoisse et menace de suffocation. Si le malade est jeune, fort, s'il a l'œil brillant, la face injectée, une ou deux saignées de pied lui seront très-utiles et

devront lui être pratiquées sans délai, s'il y
a à bord quelqu'un qui sache saigner. Si on
avait des sangsues, on en appliquerait quinze
à vingt autour de la gorge. On fait prendre
des bains de pieds très-chauds avec la moutarde ou l'eau de mer; on donne des lavemens à la graine de lin; on entoure le cou
de cataplasmes émolliens; on fait respirer la
vapeur de l'eau chaude. Le malade doit boire
souvent, mais peu à la fois, de l'eau d'orge
sucrée et miellée. Les gargarismes sont nuisibles dans les cas de maux de gorge récens
et violens. Suivant la gravité du mal, on di-
minue ou supprime les alimens.

RHUME.

Maladie occasionnée le plus souvent par
une suppression de transpiration. Un rhume
négligé peut avoir des suites funestes. Lorsqu'on s'est enrhumé et que l'on s'en aperçoit
sur-le-champ, on peut empêcher la maladie
de se développer en rétablissant de suite la
transpiration : pour cela, il suffit de prendre
plusieurs tasses de thé et de se tenir au lit
plus couvert que de coutume. Quand un
rhume est déclaré et que l'inflammation a
une fois lieu, il serait très-imprudent d'employer pour le guérir les moyens échauffans,
tels que le punch, le vin chaud, &c.; il faut
alors recourir à l'eau d'orge miellée, à l'extrait de réglisse, &c. On évitera soigneuse-
ment le froid et l'humidité. On mangera
moins que de coutume, surtout le soir; on

prendra des bains de pieds irritans, des lavemens émolliens, surtout si le malade est constipé et urine difficilement.

FLUXION DE POITRINE.

Maladie toujours grave qui débute tout-à-coup par un frisson violent suivi de chaleur. Ses caractères principaux sont une difficulté très-grandes de respirer, douleur dans un des côtés et quelquefois dans les deux côtés de la poitrine, rougeur de la face, nécessité de rester couché sur le dos, toux fréquente avec des crachats muqueux, sanguinolens et même de sang pur. Il serait à désirer que l'on pût tirer du sang, soit en pratiquant une saignée, soit au moyen de sangsues qu'on appliquerait sur le point douloureux. Il faut observer une diète sévère, faire boire souvent et peu à la fois, de l'eau d'orge ou de gomme arabique sucrée, appliquer sur la poitrine des compresses trempées dans une décoction chaude de graine de lin, donner des lavemens avec la même décoction. Vers la fin de la maladie, si le malade crache difficilement, on place un vésicatoire entre les épaules ou sur le côté malade de la poitrine. La convalescence exige de grands ménagemens, et le malade ne doit reprendre ses travaux que quand les forces sont bien rétablies.

COLIQUES.

Les personnes étrangères à la médecine

2.

donnent ce nom à toutes les douleurs qui se font sentir dans le ventre, quoiqu'il n'en soit pas toujours ainsi; on ne commettra cependant pas d'erreur en supprimant les alimens au malade, en lui faisant boire de l'eau d'orge sucrée chaude, en couvrant le ventre de compresses émollientes et en donnant des demi-lavemens d'eau tiède avec quelques cuillerées d'huile d'olive. Si la douleur ne cédait pas à ces moyens, on ajouterait à un demi-verre de tisane, *quinze à dix-huit* gouttes de laudanum liquide, et on ferait prendre ce mélange par cuillerée à soupe, d'heure en heure. S'il était prouvé que les coliques fussent le produit d'une indigestion, on pourrait faire vomir le malade avec de l'eau tiède, et lui faire boire abondamment du thé léger.

DIARRHÉE.

La diarrhée sans fièvre, sans douleurs, cède ordinairement à quelques jours d'abstinence et à l'usage de l'eau de riz sucrée, ou autre boisson adoucissante.

DYSSENTERIE.

On la reconnaît aux signes suivans : fièvre, douleurs dans le ventre, tranchées, insomnie, resserrement et chaleur dans le rectum, selles fréquentes, glaireuses, quelquefois purulentes, souvent mêlées de sang, formées souvent de sang pur; besoin irrésistible et par fois continuel d'aller à la garde-robe, et alors sentiment d'un poids incommode, comme si tous les intestins allaient s'échapper par l'anus, quelquefois même il en sort une partie.

Quand la maladie est bien reconnue, on doit soumettre le malade à une diète sévère que l'on prolongera autant de temps qu'exigera la persistence des accidens. Ce n'est qu'à la fin de la maladie que l'on peut se permettre de nourrir avec des panades légères, le riz et autres alimens de même nature dont on augmente graduellement la quantité. Les boissons seront adoucissantes comme eau d'orge, eau de gomme sucrée; le ventre sera recouvert de compresses trempées dans une décoction de graine de lin fréquemment renouvellées. On donnera des demi-lavemens d'eau de riz, et si les douleurs sont très-violentes, on pourra faire prendre le soir dix à quinze gouttes de laudanum liquide dans un verre de tisane, et à l'emploi de ces moyens on joindra, si on le peut, l'application de sangsues autour de l'anus d'abord, et, plus tard, sur les points douloureux du ventre.

La maladie étant quelquefois susceptible de se propager, on doit prendre des précautions, ainsi on isole le malade et on fait dans le local qu'il habite et surtout dans le vase qui sert aux gardes-robes, de fréquentes aspersions avec les chlorures d'oxide de calcium, ou de sodium, étendus d'eau.

RHUMATISME.

Il est récent (aigu) ou ancien, presque habituel (chronique).

Dans le premier, les mouvemens sont très-douloureux, souvent aussi la peau est rouge et enflammée. Le rhumatisme aigu est du nombre des maladies qui exigent les soins d'un médecin. On se bornera d'abord à diminuer ou même à supprimer les alimens, si la fièvre est violente, et à donner une boisson adoucissante. Dans le rhumatisme chronique, il est facile d'employer les moyens convenables, parmi lesquels le vésicatoire appliqué sur les parties malades tient le premier rang ; viennent ensuite les frictions faites avec une étoffe de laine ou une brosse douce, les embrocations avec l'huile d'olive chaude, on excite la transpiration par quelques tasses de thé qu'on boit le soir. La partie douloureuse doit être enveloppée d'un morceau de laine.

HÉMORRAGIE.

Effusion de sang plus ou moins considérable par quelque ouverture naturelle du corps. Celle qui a lieu par le nez est le plus souvent occasionnée par un effort salutaire de la nature ; aussi faut-il presque toujours ne rien faire pour l'arrêter. Cependant, si l'écoulement durait depuis long-temps et qu'il eût lieu chez un individu déjà affaibli, si surtout sa figure était pâle, ses lèvres décolorées, qu'il éprouvât des maux de cœur, des syncopes, la raison indique qu'il y aurait du danger à attendre que l'hémorragie s'arrêtât d'elle-même. Dans ce cas, on place la personne dans un endroit frais, on lui fait boire de l'eau acidulée avec le vinaigre ou le suc de citron, on lui met les mains dans l'eau froide, on lui pose en même temps, sur les tempes et autour du front, des linges trempés dans un mélange d'eau et de vinaigre ; enfin on pourrait introduire du vinaigre dans les narines avec de petits bourdonnets de charpie.

L'hémorragie qui aurait lieu par la bouche, exigerait la diminution des alimens et l'usage de l'eau acidulée avec le suc de citron. Si pourtant elle était considérable, si le sang était rouge et écumeux, s'il y avait de la toux et de l'oppression, il faudrait soumettre le malade à la diète et au repos le plus absolu, lui donner des boissons adoucissantes en petite quantité, et le saigner si on pouvait. Celle qui a lieu par l'anus est ordinairement causée par des hémorroïdes, les bains de siége et les soins de propreté suffisent.

ÉPILEPSIE (mal caduc).

On place le malade de manière à éviter qu'il se blesse, on lui tient la tête élevée, on lui met un rouleau de linge dans la bouche, durant les accès, pour empêcher qu'il ne se coupe la langue. Il n'est pas nécessaire de recommander de ne l'employer que le moins possible aux manœuvres hautes.

APOPLEXIE.

L'apoplexie frappe souvent d'une manière subite, et les personnes tombent comme foudroyées. Dans cet état, la respiration est bruyante, on la compare au ronflement qui a lieu pendant le sommeil.

Le pouls est lent et dur, la figure est ordinairement rouge, quelquefois la bouche est tirée à droite ou à gauche, d'autres fois aussi on remarque l'abaissement d'une paupière et présque toujours, l'immobilité du bras et de la jambe correspondans. Dès qu'une personne est tombée en apoplexie, la première chose à faire est de desserrer toutes les parties des vêtemens qui font ligature autour du corps, comme la cravate, la ceinture de culotte, les jarretières. Ces premiers soins donnés, on transporte le malade dans un endroit frais, et on le place de manière qu'il ait la tête très-élevée, et comme en séant; il doit être couvert legèrement et avoir la tête nue. Si l'apoplexie survient après un repas copieux, on doit provoquer le vomissement, en faisant boire de l'eau tiède. Si au contraire l'estomac est vide, si le sujet est jeune et fort, la face rouge, on tire du sang si cela est possible, on lave la tête avec de l'eau froide pendant qu'on tient les jambes plongées dans un bain très-chaud à la moutarde ou à l'eau de mer; on donne des lavemens avec l'eau de mer. Si le malade est âgé, faible, pâle, on lui applique des vésicatoires aux jambes, et on lui donne les lavemens dont il vient d'être parlé.

ASPHYXIE DES NOYÉS.

C'est l'état d'une personne qu'on vient de retirer de l'eau, avec le signe d'une mort apparente. Ce n'est pas l'entrée de l'eau dans l'estomac qui cause cet état, mais bien la privation de l'air. En conséquence, on ne suspendra pas le noyé par les pieds ; on le couchera horizontalement, la tête un peu élevée : les secours doivent être prompts. Il faut d'abord déshabiller celui que l'on veut secourir, et pour éviter toute secousse violente, on coupe ses vêtemens avec des ciseaux. Cela fait, on l'enveloppe d'un drap pour sécher promptement le corps ; ensuite d'une couverture de laine ; puis on le réchauffe, mais lentement, lui faisant des frictions avec un morceau de flanelle sur la région du cœur, sur les membres et sur toutes les parties du corps. On lui passe sous le nez le flacon d'alcali volatil ; on souffle dans la bouche, on chatouille le dedans de la gorge et des narines, avec les barbes d'une plume, on donne des lavemens d'eau de mer, et dès que le malade peut avaler, on lui fait prendre avec précaution, une cuillerée de vin chaud, ce qu'on répète trois ou quatre fois dans l'espace d'une heure. Il ne faudrait pas trop se lasser ni perdre patience, si le succès ne répondait pas de suite à l'emploi de ces divers moyens, car on a vu des noyés, n'être rappelés à la vie qu'après plusieurs heures de secours continus. Le moyen le plus simple, le plus prompt et le plus facile à mettre en usage pour rétablir la respiration, est la compression, exercée sur la poitrine et l'abdomen (le ventre). Voici comment elle se pratique : on appuye modérément, pendant deux se-

condes, les deux mains sur le bas de la poitrine et l'abdomen. Deux secondes encore se
sont écoulées, une nouvelle pression déter-
mine l'expulsion d'une autre quantité d'air
que remplace dans la dilatation, qui suit né-
cessairement cette compression, une nouvelle quantité d'air atmosphérique. Lorsque
ces mouvemens alternatifs de pression et de
relâchement ont duré pendant quelque temps,
l'homme exécute un bâillement convulsif,
suivi d'un repos ; bientôt de nouvelles ins-
pirations ont lieu naturellement ; elles se rap-
prochent, et le noyé est rappelé à la vie.

SCORBUT.

Il se reconnaît à la pâleur, à la bouffissure
de la face, à l'état de faiblesse, aux douleurs
vagues dans les membres, au gonflement et
à l'état saigneux des gencives, aux taches
rouges, bleuâtres et livides en diverses parties du corps, à l'empêchement et à la roi-
deur des jambes. Cette maladie, autrefois
terrible sur nos vaisseaux, s'y montre rare-
ment aujourd'hui depuis que les marins sont
mieux nourris, moins entassés, qu'on les
empêche de se coucher avec leurs vêtemens
mouillés, qu'on exerce une surveillance ac-
tive sur la propreté, qu'on renouvelle l'air
plus fréquemment et qu'on en détruit les
qualités malfaisantes au moyen du chlore.
C'est en effet à prévenir le scorbut que les
capitaines doivent particulièrement s'atta-
cher ; ils redoublent de soins s'il se déclare,

donnent à boire, à leurs malades, des limo-
nades avec le suc de citron, de l'eau vineuse,
du vin pur ou avec une ou deux cuillerées de
teinture de quinquina, le matin à jeun : ils
les nourrissent de riz sucré, de panades, de
tablettes de bouillon, de chocolat et de végé-
taux frais, dès qu'ils peuvent s'en procurer.

VÉROLE.

Nous ne pouvons donner ici le traitement
de la vérole, cependant celui qui aurait eu
l'imprudence de s'embarquer avec cette maladie, devrait, en attendant la première re-
lâche, employer divers moyens susceptibles
d'en arrêter les progrès; il s'abstiendrait du
vin pur, des liqueurs fortes et du café; il ferait
usage de tisane d'orge simple, et nitrée vers
la fin, d'eau de gomme arabique, de limonade.
Dans le cas de gonorrhée, ou de chancres à la
verge, il baignerait souvent cette partie dans
une décoction de graine de lin : les chancres
seraient ensuite pansés avec l'onguent mercuriel, où s'ils étaient petits et peu douloureux, on les saupoudrerait avec le mercure
doux. On préviendrait l'engorgement des tes-
ticules, en portant constamment un suspen-
soir. Si malgré cette attention l'engorgement
survenait, que la douleur et le gonflement
fussent considérables, on appliquerait sur
l'organe malade des cataplasmes chauds faits
avec le biscuit et l'eau de graine de lin; et
dès que la douleur serait dissipée, des cataplasmes froids, arrosés avec de l'eau-de-vie

3

camphrée et l'extrait de saturne. Dans le cas
de bubon ou poulain commençant, un emplâtre de vigo cum mercurio, appliqué sur
la tumeur, convient parfaitement; mais si le
bubon est volumineux, si la peau est rouge,
enflammée, et la douleur vive, il faut, par
des cataplasmes chauds, aider la formation
du pus, et aussitôt que l'abcès sera ouvert,
panser la plaie avec l'onguent mercuriel
étendu sur un plumasseau de charpie.

MALADIES EXTERNES.

INFLAMMATION.

Les inflammations de toutes espèces se
reconnaissent à la tuméfaction plus ou moins
sensible d'une partie avec chaleur, rougeur
et douleur. Celles qui sont très-légères se
dissipent d'elles-mêmes. Celles qui tendent
à se convertir en dépôt, se traitent avec des
cataplasmes chauds, et lorsque le pus s'est
fait jour à travers la peau, on achève la guérison au moyen d'emplâtres de diachylon.

PANARIS.

Cette inflammation du doigt est plus ou
moins profonde et presque toujours très-
douloureuse. Le traitement consiste à amol-
lir la peau, et à donner issue au pus dès qu'il

est formé. Pour remplir la première indication, on baigne souvent la partie malade, dans une décoction de graine de lin tiède, et en la recouvrant de cataplasmes émolliens.

On parvient quelquefois à dissiper entièrement ce mal dans l'espace d'un jour en trempant souvent le doigt dans de l'eau très-chaude, mais pour que ce moyen réussisse, il faut s'y prendre dès le commencement. Lorsque l'abcès est ouvert on peut panser avec l'onguent jaune.

OPHTALMIE.

Inflammation légère des yeux : elle se guérit en les lavant plusieurs fois le jour, avec la décoction de graine de lin, en y appliquant des compresses trempées dans la même eau. Si, après cinq ou six jours, l'inflammation persiste, quoique la douleur soit en partie dissipée, on les bassine avec de l'eau froide à laquelle on ajoute quelques gouttes d'extrait de saturne et d'eau-de-vie camphrée. Celle qui est accompagnée de douleurs vives, de maux de tête, exige la diminution des alimens, l'usage de la limonade, de crême de tartre, de lavemens, de bains de pieds, et l'application de quelques sangsues aux tempes.

MAL DE DENTS.

Lorsque les douleurs sont produites par une dent cariée, gâtée, elles n'offrent guère d'autres ressources que l'arrachement.

Si la joue enfle, si elle devient rouge, dure et douloureuse, on applique des cataplasmes émolliens faits avec le biscuit et la décoction de graine de lin.

MAL D'OREILLE.

Mettez dans l'oreille une boulette de charpie imbibée d'huile d'olive ou de laudanum liquide.

PLAIES.

Une plaie faite par un instrument tranchant qui a divisé les parties sans les meurtrir, se guérit d'elle-même, c'est-à-dire sans onguens, baumes ou liqueurs, mais on abrège le temps de la guérison, en rapprochant les bords d'une plaie qui aurait une certaine étendue, en les maintenant rapprochés avec des bandelettes de sparadrap de diachylon, appliquées en travers sur la division, éloignées de deux à trois lignes les unes des autres, en la préservant du contact de l'air, au moyen d'un linge. Si la plaie est compliquée d'hémorragie, on la couvre de charpie, de compresses, et on serre plus ou moins avec une bande.

Le pansement n'est renouvelé qu'au bout de vingt-quatre à quarante-huit heures. Une plaie faite par un instrument contondant qui aurait écrasé et meurtri les chairs, serait pansée avec un cataplasme de mie de pain ou de biscuit. On aurait d'ailleurs l'attention de la nétoyer et d'enlever les corps étran-

gers qui pourraient s'y rencontrer, comme
des morceaux de bois, d'étoffe, de linge, etc.
Les plaies qui ont une grande étendue ; celles
avec douleurs, celles qui doivent suppurer,
exigent toujours une diète plus ou moins
sévère, l'usage d'une tisane rafraîchissante
et la privation des liqueurs spiritueuses.

CONTUSIONS.

Celles qui sont légères se pansent avec
l'eau de mer, celles avec épanchement de
sang sous la peau, tension, douleur, réclament l'application de quelques sangsues,
se couvrent d'un cataplasme de farine de
lin ; quand le gonflement et la douleur sont
dissipés, des compresses trempées dans l'eau
de mer suffisent.

FURONCLES (clous.)

S'ils sont très-gros, enflammés, douloureux, on les panse avec des cataplasmes, dans
le cas contraire, il suffit de les couvrir d'un
emplâtre de diachylon.

GALE.

Maladie qui exige les plus grandes précautions pour empêcher sa communication.
S'il est toujours facile de reconnaître la gale,
lorsqu'elle est ancienne, il n'en est pas de
même dans son commencement, puisque les
personnes habituées s'y trompent quelquefois. Il n'est donc pas indifférent de savoir

que la gale n'existe jamais que le ventre en
soit particulièrement recouvert. On la guérit
en se frottant le corps, notamment les join-
tures, le soir et le matin, pendant huit à dix
jours, avec gros comme une noix de pommade anti-psorique, et en se purgeant à la
fin du traitement, avec un paquet de jalap
délayé dans un verre d'eau. Il est inutile de
recommander de se nétoyer le corps après
l'usage des frictions, et de laver les divers
objets d'habillement dont on s'est servi pendant la maladie. Les bains à l'eau de mer,
souvent répétés, guérissent presque toujours.

BRULURE.

Lorsqu'elle est superficielle, sans ampoule,
on plonge la partie dans l'eau froide, qu'on
renouvelle à mesure qu'elle s'échauffe, ensuite on applique des compresses trempées
dans l'eau végéto-minérale. S'il s'est formé
des ampoules, on les perce sans enlever la
pellicule. Dans le cas où il surviendrait des
ulcérations, on les panserait avec de la charpie ou un linge, légèrement enduit d'onguent
jaune.

ENGELURES.

Les engelures se manifestent en hiver, aux
doigts, aux orteils, aux oreilles et aux talons;
on les prévient en évitant les alternatives du
froid et du chaud, en couvrant les parties
qui y sont le plus exposées, et en les lavant
de temps en temps avec de l'eau de mer
ou de l'eau-de-vie camphrée.

Les engelures ulcérées se pansent avec l'onguent jaune. Si la douleur était très-vive, on aurait recours à la décoction de graine de lin.

CONGÉLATION.

Les marins, harassés de fatigue et épuisés par la diminution ou la mauvaise qualité des vivres, résistent difficilement à l'action destructive du froid, dans les hivers rigoureux, sous les latitudes glacées du Nord.

Les parties qui se gèlent le plus facilement sont les pieds, les mains, la verge, les oreilles et le nez. La congélation se reconnaît au gonflement de la partie, qui devient violette, froide et insensible. Trop de précipitation à approcher du feu les parties gelées donne lieu aux accidens les plus graves. On les frotte d'abord avec de la neige, de la glace pilée, s'il s'en trouve sur le navire : on les plonge dans l'eau froide qu'on réchauffe lentement, et à laquelle on ajoute ensuite un peu d'eau-de-vie camphrée : on les couvre d'un linge trempé dans la même liqueur : on fait prendre quelques tasses de thé, et un peu de vin pur.

HERNIE OU DESCENTE.

Petite tumeur qui se montre au pli de l'aîne, ordinairement après un effort ; qui disparaît quand on la presse avec la main étant couché, et qui augmente de volume par les secousses de la toux. Aussitôt qu'on s'aperçoit de cet accident, on doit faire rentrer la tumeur et s'opposer à sa sortie au moyen d'un bandage herniaire. Le malade couché sur le dos, la tête inclinée sur la poitrine, les cuisses fléchies sur le ventre, les fesses plus élevées que le reste du corps, on repousse doucement la tumeur jusqu'à ce qu'elle soit tout-à-fait rentrée; puis on la maintient avec le bandage, lequel sera bien appliqué si les parties ne s'échappent plus, l'individu étant debout, faisant des mouvemens en différens sens ou des efforts comme pour aller à la selle.

ENTORSE, FOULURE.

Immédiatement après l'accident, plongez la partie dans de l'eau de mer froide; appliquez ensuite des compresses trempées dans la même eau ou de l'eau-de-vie camphrée; serrez modérément avec une bande, et observez le plus grand repos.

FRACTURES.

On reconnaît une fracture à l'impossibilité de mouvoir le membre, à sa mauvaise conformation, à son raccourcissement et surtout au bruit que les bouts de l'os cassé font entendre lorsqu'on fait exécuter quelques mouvemens. Cependant il n'est pas toujours facile de reconnaître une fracture : dans l'incertitude, on recouvre la partie de cataplasmes de graine de lin, et on maintient le membre dans une position fixe. Quelques jours suffisent pour dissiper le gonflement et éclairer sur la fausseté ou la réalité de la maladie. Une fracture reconnue, on place le malade dans

une position commode, on rend au membre
sa forme et sa longueur en tirant dessus d'une
manière graduée, pendant qu'on retient le
corps; et, lorsque par des manipulations
adroites on est parvenu à mettre les bouts
de l'os cassé en rapport, on les y maintient
au moyen d'un bandage convenable. Il est
très-difficile, dans une instruction de ce genre,
de décrire le bandage qu'il importe de faire
pour obtenir une consolidation parfaite de
l'os, sans difformité du membre; néanmoins
nous allons essayer d'aider MM. les capitaines
dans un si grand embarras.

FRACTURE DU BRAS.

On prend une bande longue de cinq à six
aunes, afin de pouvoir entourer le membre.
On commence par la main dans laquelle on
met une pelote de charpie; quand on est
rendu au lieu de la fracture, on fait trois tours
l'un sur l'autre et on place quatre attelles ou
éclisses d'un bois mince : l'une en devant,
l'autre en arrière, la troisième en dedans et
la quatrième en dehors du bras. Une personne les soutient pendant qu'on les fixe soi-
même avec le reste de la bande dont on avait
commencé à entourer le membre. On met
ensuite le bras en écharpe. On renouvelle le
bandage tous les dix à douze jours, plus souvent s'il se dérange. Trente-cinq à quarante
jours suffisent pour obtenir la consolidation
parfaite. Après ce temps, on enlève tout l'appareil, mais on entoure encore le bras d'une
bande, ce qui n'empêche pas d'exécuter des

4.

mouvemens. Dans toutes les fractures en général, on se sert d'eau-de-vie camphrée étendue d'eau. Les compresses et les bandes doivent être mouillées de cette liqueur avant leur application ; ensuite on arrose la partie une ou deux fois par jour dans le commencement, et à quelques jours d'intervalle dans le courant du traitement.

FRACTURE DE L'AVANT-BRAS.

Que les deux os soient cassés ou qu'il n'y en ait qu'un, appliquez, en devant et en arrière, une compresse pliée en cinq à six doubles, de la largeur d'un pouce, assez longue pour l'étendre depuis le coude en arrière et le pli du bras en avant, jusqu'à la main. Entourez le membre, en commençant par le poignet, avec une bande modérément serrée ; faites trois tours sur l'endroit de la fracture : alors, placez deux attelles sur les compresses et fixez-les avec le reste de la bande, ayant l'attention de les recouvrir dans toute leur longueur. Le bandage achevé, l'avant-bras à demi fléchi sera soutenu par une écharpe. Vingt-cinq à trente jours sont nécessaires pour la consolidation. Si le bandage ne se dérange pas, un seul pansement, fait le douzième ou quinzième jour de l'accident, est suffisant.

FRACTURE DE LA CUISSE.

Plus fréquentes, plus graves, plus lentes à se consolider que les autres, elles entraînent

toujours la difformité du membre et la clau-
dication, si, pour les maintenir, on n'emploie
que des moyens ordinaires. Un appareil particulier est donc indispensable, surtout à
bord, où des mouvemens plus ou moins
brusques ajoutent encore aux causes naturelles de déplacement. Celui que nous con-
seillons consiste en une ceinture ou bandage
de corps garni de deux goussets destinés à
recevoir et à fixer l'extrémité d'une attelle,
armée à l'extrémité opposée, une manivelle
dans laquelle s'engagent deux lacs fixés à un
coussin qui entoure le pied. A l'aide de cet
appareil, aussi simple que facile à appliquer
(ce que nous nous proposons de faire voir
à MM. les Capitaines), on prévient toute difformité. On est sûr aussi de ne pas occasion-
ner d'accidens graves par une extension trop
forte, si on a l'attention de ne pas donner
au membre malade plus de longueur qu'à
celui du côté sain. La douleur d'ailleurs, s'il
était trop alongé, indiquerait bientôt qu'il
faudrait diminuer l'extension; ce qui s'opère,
dans tous les cas, avec la plus grande facilité
et sans rien déranger. Avant l'application de
cet appareil, il faut recouvrir la cuisse de
compresses trempées dans l'eau-de-vie camphrée et l'entourer ensuite, ainsi que la
jambe, de bouts de bandes larges de trois
travers de doigts, assez longs pour faire un
tour et demi sur le membre, et disposés de
manière qu'en les appliquant successivement,
en commençant par le bas de la jambe, ils
se recouvrent dans les deux tiers de leur lar-

geur jusqu'à la partie supérieure de la cuisse.
La jambe et la cuisse entourées de bandelettes sont, en outre, maintenues en dedans
et en dehors, au moyen d'un drap dans lequel on roule deux attelles qui s'étendent
de la partie supérieure de la cuisse au bas
de la jambe. Une troisième attelle, qui ne
dépasse pas le genou, la fixe en devant. Le
vide qui se trouve entre le membre et les
éclisses ayant été rempli par des étoupes,
le tout est assujéti d'une manière solide par
des rubans de fil, au nombre de trois sur
la cuisse et de deux sur la jambe. Enfin le
membre, ainsi maintenu par l'appareil, est
posé sur un oreiller d'une épaisseur assez
considérable pour qu'il soit élevé et incliné
de manière à faciliter la circulation. On visite
souvent le bandage : on le refait s'il se dérange. Cinquante à soixante jours sont nécessaires pour une consolidation parfaite.

FRACTURE DE LA JAMBE.

Le bandage est le même que pour la cuisse,
excepté l'attelle à manivelle. On pose le
membre sur un oreiller d'une bonne épaisseur : sur cet oreiller sont placés quatre rubans de fil, un quart de drap de lit, huit à
neuf bouts de bandes larges de trois travers
de doigts et assez longs pour faire une fois
et demie le tour de la jambe. Ils sont appliqués l'un après l'autre, en commençant
près du pied et finissant au genou. Deux attelles, qui doivent avoir assez de longueur
pour dépasser de deux à trois pouces le pied

et le genou, sont roulées dans le morceau de drap.; une troisième attelle est placée sur une compresse pliée en plusieurs doubles et étendue sur le devant de la jambe. Au moyen d'étoupes, on remplit tous les vides, et après avoir rendu au membre sa forme et sa longueur naturelles, on serre tout l'appareil à l'aide des rubans de fil que l'on noue en dehors. Le bandage est souvent visité, surtout dans le commencement. Quarante à cinquante jours sont indispensables pour la consolidation. Après ce temps, on entoure la jambe d'une bande ; on fait exécuter de légers mouvemens, et on prend encore de grands ménagemens.

LUXATIONS.

Si, à la suite d'une chute sur l'épaule ou d'un coup reçu sur cette partie, on observe que le bras ne se remue que difficilement; que le moignon de l'épaule est applati ; que le coude est écarté de la poitrine; qu'une main descend plus bas que l'autre, on a de fortes raison pour croire que l'os est luxé, déboîté. Dans ce cas, en faisant des tractions modérées sur l'extrémité du membre pendant qu'on retient le corps, peut-être qu'en repoussant l'autre extrémité vers la cavité d'où elle est sortie, on sera assez heureux pour l'y faire rentrer. L'articulation serait ensuite recouverte de compresses trempées dans l'eau-de-vie camphrée et entourée d'une bande. Sept à huit jours de repos, pendant lesquels on porte le bras en écharpe, sont nécessaires.

Une chute sur les genoux peut déboîter la cuisse d'avec la hanche. Que le membre soit alongé ou raccourci ; que la pointe du pied soit tournée en dehors ou en dedans, si l'os de la cuisse n'est pas cassé, il est déboîté. Pour le remettre en place, il faut une force considérable. L'individu couché est assujéti, au moyen d'un drap plié de manière à n'avoir que quatre travers de doigts de largeur, et qu'on passe dans le pli de la cuisse, du côté sain, en le ramenant sur la hanche, du même côté : ainsi engagé, plusieurs hommes le fixent solidement, tandis que d'autres font des tractions graduées sur l'extrémité de la jambe avec un autre drap plié en long. Si l'on parvient à dégager la tête de l'os et à la faire rentrer dans sa cavité, au même instant un bruit plus ou moins fort annonce que le membre est remis en place ; alors, aussi, il exécute des mouvemens faciles et sans douleur. On doit cependant faire garder le lit pendant dix à douze jours, et entourer l'articulation avec des compresses trempées dans l'eau de mer ou l'eau-de-vie camphrée.

DEUXIÈME PARTIE.

MÉDICAMENS

POUR L'USAGE INTERNE.

1°. DES ÉMÉTIQUES.

L'effet ordinaire de ces médicamens est de provoquer le vomissement. Les signes qui indiquent la présence des matières nuisibles dans l'estomac sont, en général, les maux de tête, l'enduit blanc ou jaunâtre de la langue, des rapports aigres, une haleine fétide, un état de gêne dans la région de l'estomac, le dégoût, des nausées et des vomissemens spontanés. On ne fait guère usage des émétiques qu'au début des maladies : ils sont contre-indiqués dans les inflammations violentes de la poitrine, du bas-ventre, dans le crachement de sang et dans le cas où l'individu aurait une hernie.

ÉMÉTIQUE.

La dose commune est d'un paquet de trois grains, qu'on fait dissoudre dans trois verres d'eau. On doit mettre un intervalle de trois quarts d'heure entre chaque verre, et s'abstenir des deux derniers si le premier procure une évacuation suffisante : on seconde l'effet de ce puissant vomitif par des prises d'eau tiède, répétées à chaque évacuation.

IPÉCACUANHA.

Il fait vomir à la dose d'un paquet de vingt-quatre grains : on le donne en poudre dans un verre d'eau. Les vomissemens qu'il procure sont facilités par l'eau tiède, dont on boit abondamment. On doit préférer l'ipéca à l'émétique ; ce dernier étant susceptible de causer des accidens graves, surtout dans les pays chauds.

2°. DES PURGATIFS.

On abuse tant des purgatifs, qu'on ne saurait trop recommander de ne les employer qu'avec la plus grande réserve.

Le besoin des purgatifs s'annonce par la tension incommode du ventre, la constipation, la présence des vents, par la fétidité de l'haleine, la langueur des digestions, quelquefois par des selles de mauvaise qualité. On doit les redouter ou même les proscrire, lorsqu'il y a chaleur genérale, irritation dans quelque point particulier. Il faut aussi les rejeter dans le cas de flux hémorroïdal ou d'autres hémorragies, ainsi que dans la toux violente.

MANNE.

On l'emploie à la dose d'un paquet de deux onces dans un verre d'eau bouillante : on lui associe ordinairement une cuillerée de sulfate de magnésie (sel d'epsom). Quand l'un et l'autre sont fondus, on passe à travers un linge et on fait boire en une seule fois, faisant usage de thé léger pour faciliter les évacuations.

JALAP.

On en fait prendre un paquet de deux scrupules dans une tasse de thé le matin à jeun, continuant le thé à chaque selle.

RHUBARBE concassée.

Infusée à la dose d'un paquet d'un gros dans un verre d'eau bouillante, c'est un purgatif léger qui convient à la fin des diarrhées.

SEL D'EPSOM.

A la dose d'une cuillerée et demie, dissout dans un verre de tisane d'orge, c'est un purgatif commode, faisant usage de thé.

CRÊME DE TARTRE.

Elle est employé en solution pour limonade. On en met une demi-cuillerée à bouche par pinte d'eau bouillante. On forme ainsi, en y ajoutant du sucre ou du miel, une boisson raffraîchissante qui convient dans les maladies aiguës et dans les inflammations internes.

Deux cuillerées à bouche dans deux peintes d'eau, légèrement sucrée forment un purgatif doux, qu'on boit par verre de quart d'heure en quart d'heure, dans la matinée.

HUILE D'OLIVE.

A la dose d'une à deux cuillerées dans un verre d'eau d'orge ou de gomme arabique, l'huile d'olive ne laisse pas que d'être utile dans quelques constipations opiniâtres qui ne sont accompagnées d'aucune inflammation des entrailles : elle entre dans la composition des lavemens.

3°. DES TONIQUES.

L'emploi des médicamens toniques est particulièrement indiqué dans les maladies que signalent la faiblesse et le défaut d'énergie : aussi ces médicamens conviennent-ils dans les diarrhées, les dyssenteries anciennes, le scorbut, et en général à la fin des maladies qui ont épuisé les forces.

SULFATE DE QUININE.

Remplace le quinquina : comme lui se donne dans les fièvres intermittentes, dans l'intervalle d'un accès à l'autre. On le fait prendre dans un mélange de vin et d'eau. A la dose d'un paquet de *deux grains*, c'est un excellent tonique qui convient dans la convalescence des maladies chroniques.

Dans les fièvres intermittentes qui sont récentes, qui ne menacent pas les jours du malade, deux paquets de *deux grains* suffisent ordinairement. Le 1er se donne au milieu de l'intervalle, et le 2me une heure avant le retour de l'accès.

Quand la vie du malade doit se trouver en danger, par la force et la longueur de l'accès que l'on veut prévenir, il ne faut pas en donner moins de deux paquets de *quatre grains*, et si le danger est imminent, on donne deux paquets de *six grains*.

Lorsqu'on a prévenu un accès, qu'on a, comme on le dit, coupé la fièvre, il faut encore donner le sulfate de quinine à la même dose et de la même manière que si l'on avait la certitude du retour de l'accès ; le jour où il devrait venir, on laisse reposer le malade ; le lendemain on donne encore la même dose ; et l'on continue de la même manière quelques jours encore, mais en diminuant la dose de moitié.

On ne doit pas perdre de vue que pour assurer le succès de ce médicament énergique, le malade doit être préparé par le repos, la diète, l'usage de l'eau d'orge ou de gomme et presque toujours par une application de quinze à vingt sangsues sur le ventre.

FLEURS DE CAMOMILLE.

En infusion comme le thé, à la dose d'une pincée par pinte d'eau bouillante. Cette infusion convient contre les vents et les maux d'estomac.

THÉ.

Aux doses ordinaires, il est très-propre à rétablir la transpiration supprimée ; à dose plus faible, il convient pour aider l'effet des purgatifs.

RHUBARBE en poudre.

A la dose d'un paquet de *douze grains* dans un demi-verre de vin ou d'infusion de camomille, c'est un médicament très-recommandé dans les faiblesses d'estomac et les mauvaises digestions, qui ne proviennent pas d'une irritation.

ALCOHOL AU QUINQUINA
(teinture de quinquina).

ALCOHOL A LA CANNELLE
(teinture de cannelle).

Ces médicamens, dont on fait prendre une cuillerée à café dans un demi-verre de vin ou d'infusion de camomille, sont particulièrement indiqués à la fin des diarrhées, des dyssenteries et des maladies graves qui ont épuisé les forces.

4°. DES CALMANS ET ANODINS.

Médicamens qui ont la propriété de modérer la douleur.

Les coliques d'estomac ou de bas-ventre, les diarrhées chroniques avec douleur, la toux nerveuse, les catarres, les dyssenteries aiguës, les insomnies causées par de vives douleurs, réclament leur emploi.

ÉTHER SULFURIQUE RECTIFIÉ.

A la dose de *quinze* à *vingt* gouttes dans un verre d'eau sucrée, il convient dans les coliques d'estomac ou de bas-ventre.

LAUDANUM LIQUIDE.

Huit à *douze* gouttes dans un verre d'eau sucrée portent au sommeil, calment les douleurs violentes : à la dose de *vingt* à *trente* gouttes dans une pinte d'eau d'orge ou de riz, il est recommandé dans les diarrhées et les dyssenteries accompagnées de douleurs aiguës. On fait prendre cette pinte de décoction d'eau d'orge ou de riz, au *laudanum liquide*, par demi-verre de demi-heure en demi-heure.

5°. DES SUBSTANCES

Propres à modérer certaines irritations et l'excès de la chaleur animale.

Toutes les boissons faites avec l'orge, la réglisse, le riz, les semences de lin, le nitrate de potasse, la gomme arabique, le miel, le suc de citron, sont de puissans secours contre les inflammations, la dyssenterie, la diarrhée avec douleur, la gonorrhée, les rhumes, la toux et en général contre toutes les maladies dans lesquelles on remarque de l'irritation.

NITRATE DE POTASSE (sel de nitre).

A la dose d'une pincée dans une pinte de

tisane d'orge, il facilite et augmente le cours des urines. Ce sel ayant aussi la propriété de ralentir la circulation, peut être employé comme rafraîchissant dans les cas où il faut modérer l'excès de la chaleur générale.

ORGE PERLÉ.

En décoction à la dose d'une cuillerée par pinte d'eau, on obtient une tisane désaltérante qui convient dans la plupart de nos maladies, surtout dans celle où la soif prédomine; elle ne fait jamais de mal. On y ajoute ordinairement du sucre, du miel ou de la réglisse.

RIZ.

Sa décoction légère, à la dose d'une cuillerée par pinte d'eau, fait une boisson adoucissante qui convient particulièrement dans la diarrhée, la dyssenterie, et toute irritation, soit locale, soit générale.

SEMENCES DE LIN.

La décoction est employée en lavement et contre l'inflammation de quelques parties, surtout celles du bas-ventre. On en fait aussi des cataplasmes.

GOMME ARABIQUE.

On en fait fondre un ou deux paquets d'une demi-once dans une pinte d'eau bouil-

lante : elle convient dans toutes les inflammations intérieures.

MIEL.

Une à deux cuillerées de miel dans une
pinte de tisane d'orge, en la rendant plus
agréable, lui donnent encore des propriétés
contre le rhume et les affections catarales en
général.

EXTRAIT DE RÉGLISSE (suc de réglisse).

On l'emploie contre le rhume ou catarre,
soit dans la tisane d'orge, soit fondu dans
la bouche.

SUC DE CITRON.

Deux à trois cuillerées dans une pinte
d'eau sucrée, forment une limonade agréable
qui convient dans le cours des maladies
aiguës, lorsque le malade a la peau sèche,
brûlante, et que la soif est intense : dans les
mêmes circonstances, on l'ajoute à la tisane
d'orge.

MÉDICAMENS

POUR L'USAGE EXTERNE.

FARINE DE MOUTARDE.

On en fait des cataplasmes qu'on applique sur les genoux ou les chevilles des pieds, dans les circonstances indiquées à la page 5 et ayant l'attention, comme il est dit, de les retirer dès qu'ils causent de la douleur.

FARINE DE LIN.

D'un usage fréquent, en cataplasmes appliqués sur les clous ou furoncles, panaris, bubons, les inflammations locales, etc.

ALCALI VOLATIL FLUOR.

On le fait respirer, mais avec réserve, dans les cas de défaillance, de syncope ou d'asphixie; son excès peut être très-nuisible en enflammant la membrane pituitaire : il faut surtout éviter d'en laisser tomber sur les lèvres ou dans la bouche. On l'emploie étendu d'eau pour laver la piqûre des insectes; et *pur*, immédiatement après la morsure des animaux venimeux.

SEL DE SATURNE.

On en met une petite pincée dans un verre d'eau. Cette solution forme ce qu'on

appelle eau blanche, eau de Goulard, eau
vegeto-minerale; on l'emploie contre les dar-
tres, mais avec prudence, parceque ce re-
mède répercute et porte l'humeur à l'intérieur. Il convient dans les ulcères, les brûlures
nouvelles, les inflammations de la peau.

EXTRAIT DE SATURNE.

A la dose de dix à douze gouttes dans un
verre d'eau, il est employé dans les mêmes
circonstances que le sel de saturne : en ajoutant au mélange une cuillerée à café d'eau-
de-vie camphrée, on forme un collyre recommandé au déclin des ophtalmies.

ALCOHOL CAMPHRÉ
(eau-de-vie camphrée).

Etendu dans l'eau, il convient pour le
traitement des entorses, des fractures, des
plaies contuses, des vieux ulcères et de la
gangrène. En friction, il peut calmer certaines
douleurs de rhumatisme.

EMPLATRE ÉPISPASTIQUE. (vésicatoire).

On étend cet emplâtre sur un morceau de
peau blanche ou sur un morceau de linge.
A défaut d'emplâtre épispastique, on se sert
de mouches cantharides qu'on sème sur un
emplâtre quelconque, ou sur un mélange de
farine et de vinaigre. Avant que de placer
le vésicatoire, on rase la partie et on la frotte
avec un peu de vinaigre ; puis on assujétit
l'emplâtre avec une compresse et une bande.

6.

Le lendemain, on lève l'appareil, on perce l'ampoule sans la détacher, et on panse avec l'onguent jaune, étendu sur un linge. Le vésicatoire appliqué à la nuque est souvent un moyen puissant contre l'ophtalmie ancienne, les douleurs d'oreille et de dents. On réussit à calmer les coliques dans les diarrhées rebelles et à diminuer les évacuations, en appliquant un vésicatoire sur la partie du ventre où le malade rapporte ses douleurs. On voit journellement le vésicatoire produire de bons effets dans les affections rhumatismales. Lorsque la goutte se porte à l'intérieur et qu'elle se fixe sur un des organes essentiels, on doit recourir aux vésicatoires pour déplacer la fluxion goutteuse et l'attirer aux extrémités.

CANTHARIDES en poudre.

On en saupoudre l'emplâtre vésicatoire pour assurer son effet.

POMMADE DE GAROU.

Elle sert à ranimer les vésicatoires dont il est bon d'entretenir la suppuration.

EMPLATRE DE VIGO CUM MERCURIO.

Puissant fondant qu'on emploie contre les engorgemens des glandes du cou, des aînes et des aisselles.

EMPLATRE DE DIACHILON GOMMÉ.

On l'étend sur un morceau de peau ou de

linge après l'avoir fait légèrement chauffer.
Il convient pour faciliter la suppuration des
clous ou furoncles.

SPARADRAP DE DIACHILON.

Il sert à réunir les chairs ou à tenir rapprochés les bords d'une plaie récente, non contuse, et qui ne contient aucun corps étranger.

ONGUENT ANTIPSORIQUE contre la Gale.

On se frotte matin et soir avec cet onguent, dont on prend gros comme une noix pour chaque friction.

ONGUENT JAUNE.

Il convient dans les brûlures, dans les plaies, pour en modérer l'inflammation : on l'étend sur du linge ou de la charpie.

ONGUENT MERCURIEL.

Il sert à panser les bubons ouverts et les ulcères vénériens : mitigé avec moitié d'onguent jaune, on l'emploie pour détruire la vermine.

MERGURE DOUX PORPHYRISÉ, ou le Calomélas.

On en saupoudre les chancres vénériens, qu'il déterge et fait cicatriser.

CHLORURE D'OXIDE DE SODIUM,
ou celui de Calcium.

Ces chlorures sont d'une grande utilité pour désinfecter le local qu'habitent les malades, surtout le vase qui sert aux garde-robes, et en général l'intérieur de tout navire dont l'air est vicié par la réunion d'un grand nombre d'hommes, ou d'autres causes. Pour cet effet on met deux cuillerées de chlorure dans une bouteille d'eau, et ce mélange sert à arroser le lieu infecté. La dose doit être plus forte, si la fétidité est considérable. Cette opération est renouvelée deux ou trois fois par jour selon l'urgence.

Si on emploie le chlorure de *Calcium*, on en mettra une cuillerée par pinte ou bouteille d'eau, on agitera le tout, on tirera *à clair*, pour répandre de cette dissolution dans l'endroit insalubre.

M. LABARRAQUE, un des pharmaciens distingués de Paris, a conseillé pour la conservation de la viande, de placer au *fond* du garde-manger un vase contenant de l'eau *chlorurée*, de la renouveler chaque jour, et si la viande passe à la fétidité, de lui faire une simple immersion dans un mélange de *quarante parties d'eau* et *une* de chlorure d'oxide de Sodium, qui détruit l'odeur : cette viande, après avoir été lavée avec de l'eau pure et avoir subi la cuisson, étant mangeable et nullement nuisible à la santé.

FIN.

ÉTAT

des Médicamens,

Linges et autres Objets,

CONTENUS dans la caisse du navire

armé par M

commandé par M.   allant

à   avec   hommes

d'équipage.

QUANTITÉS.	Médicamens (1).
	Orge perlé.
	Paquets d'Ypécacuanha en poudre, de *vingt-quatre grains*.
	Paquets d'émétique de *trois grains*.
	Farine de moutarde.
	Paquets de sulfate de quinine de *deux grains*.
	Idem *id.* de *4 grains*.
	Idem *id.* de *6 grains*.
	Semence de lin.
	Farine de lin.
	Miel blanc.

(1) On a cru devoir, dans cette Instruction, laisser aux Médicamens leurs dénominations les plus connues.

QUANTITÉS.	**Suite des Médicamens.**
	Suc, ou extrait de réglisse.
	Paquets de Gomme arabique en poudre de 4 *gros.*
	Emplâtre vésicatoire.
	Laudanum liquide de *sydenham.*
	Chlorure d'oxide de sodium ou celui de calcium.
	Cantharides pulvérisées.
	Suc de citron.
	Alcali volatil fluor.
	Teinture saturée de quinquina.
	Sel de nitre, ou *nitrate de potasse*, en poudre.
	Onguent mercuriel double.
	Mercure doux porphyrisé ou le calomelas.
	Eau-de-vie ou alcohol camphré.
	Sel ou extrait de saturne.
	Emplâtre de *vigo cum mercurio.*
	Idem de diachilon gommé.
	Onguent jaune.
	Crème de tartre en poudre.
	Sparadrap de diachilon gommé.
	Onguent anti-psorique.
	Paquets de jalap en poudre de *deux scrupules.*
	Paquets de manne de *deux onces.*

QUANTITÉS.	Suite des Médicamens.

Paquets de rhubarbe contuse *d'un gros.*

Paquets de rhubarbe pulvérisée *de douze grains:*

Sel d'epsom.

Fleur de camomille.

Teinture saturée de cannelle.

Ether sulfurique rectifié.

Pommade épispastique au garou.

Sangsues,

Linge, charpie et autres objets.

Linge à pansement, dont un tiers en draps,
pour bande (par homme), 375 grammes.

Charpie (par homme), 32 grammes.

Lancettes.

Bandages herniaires simples.

QUANTITÉS.	Suite des différens objets.
	Bandage à extension continuelle.
	Ciseaux.
	Galon de fil.
	Epingles.
	Aiguilles.
	Fil.
	Ecuelles en terre vernissée.
	Poêlon en fer-blanc, à la main.
	Seringue à lavemens, avec canule courbe en étain.
	Canules en buis.
	Urinal.
	Seringue à injection.
	Peau blanche de mouton.

www.ingramcontent.com/pod-product-compliance
Lightning Source LLC
Chambersburg PA
CBHW071317200326
41520CB00013B/2819